ESSAI

SUR

LA CONSTITUTION

DE LA

PROPRIÉTÉ INDIVIDUELLE

EN ALGÉRIE

PAR LOUIS ABADIE

CONSEILLER GÉNÉRAL

CONSTANTINE

IMPRIMERIE L. MARLE, RUE D'AUMALE,

En vente chez AUBERT, Libraire | A Paris, chez CHALLAMEL aîné
2, RUE D'AUMALE | 5, RUE JACOB

1882

ESSAI

SUR

LA CONSTITUTION

DE LA

PROPRIÉTÉ INDIVIDUELLE

EN ALGÉRIE

PAR LOUIS ABADIE

CONSEILLER GÉNÉRAL

CONSTANTINE

IMPRIMERIE, L. MARLE, RUE D'AUMALE

<table>
<tr><td>EN VENTE CHEZ AUBERT, LIBRAIRE</td><td>A PARIS, CHEZ CHALLAMEL AÎNÉ</td></tr>
<tr><td>2, RUE D'AUMALE</td><td>5, RUE JACOB</td></tr>
</table>

1882

ESSAI

SUR LA CONSTITUTION DE LA PROPRIÉTÉ INDIVIDUELLE

EN ALGÉRIE

Parmi les questions les plus importantes pour l'avenir de l'Algérie, se trouve en première ligne le problème de la constitution de la propriété individuelle.

Ce problème, posé depuis si longtemps, semble encore loin d'être résolu, si l'on considère les résultats obtenus.

Nous allons examiner la loi de juillet 1873 et surtout la façon dont elle a été appliquée ; mais avant de procéder à cette étude, nous jetterons un rapide coup d'œil en arrière et verrons les diverses phases par lesquelles est déjà passée cette question.

En Algérie, avant la conquête, le souverain avait un droit de libre disposition sur la presque totalité du sol. La propriété se présentait sous deux formes différentes : la première (melk) était la propriété réelle, elle reposait sur un titre ou sur une possession non contestée, elle était aliénable. La seconde (arch) ne reposait sur aucun titre, elle était inaliénable. Cette dernière représentait un droit de jouissance au profit des détenteurs du sol.

Antérieurement à 1844, un certain nombre de transactions avaient déjà eu lieu entre Européens et Indigènes, mais à cause du manque de titres régulièrement établis et de délimitations incomplètes, les acquéreurs étaient exposés à des revendications nombreuses et la sécurité leur faisait complètement défaut.

Pour mettre fin à un pareil état de choses, le gouvernement fit paraître l'ordonnance du 1er octobre 1844, qui mettait à l'abri de toute contestation les actes translatifs de propriété, consentis antérieurement, à des Européens par des Indigènes, spécifiant que ces actes ne pourraient être annulés ni pour insuffisance des pouvoirs des représentants légaux ou non des vendeurs, ni par le motif que les immeubles étaient inaliénables aux termes de la loi musulmane.

Ces dispositions furent rapidement reconnues insuffisantes ; aussi, le 21 juillet 1846 parut une ordonnance royale qui décidait que le ministre de la guerre déterminerait, par des arrêtés, les territoires dans lesquels devrait être faite la vérication des titres des propriétés rurales possédées par des Indigènes ou des Européens. Tout prétendant à une propriété avait un délai de trois mois pour remettre ses titres à l'administration ; passé ce délai, les terres non réclamées étaient réputées vacantes et faisaient retour à l'Etat.

Cette ordonnance ne fut qu'incomplètement

appliquée dans une petite partie du territoire et ne dépassa pas les arrondissements de quelques villes, Alger, Blida, Oran, et le territoire de La Calle.

Le 16 juin 1851, fut votée la loi qui posa les bases de la propriété en Algérie. Son but a été, après avoir déterminé les droits de l'Etat, de rassurer les Indigènes en déclarant inviolables les droits de propriété et de jouissance leur appartenant, tels qu'ils existaient avant la conquête. Mais un article de cette loi interdisait qu'aucun droit de propriété ou de jouissance portant sur le territoire d'une tribu, pût être aliéné au profit d'une personne étrangère à cette tribu. Cette clause, qui était une entrave au commerce de la terre, donna naissance à l'idée du cantonnement.

Les Arabes, disait-on, possèdent plus de terres que leurs besoins ne le comportent, plus qu'ils ne peuvent en mettre en valeur; il faut donc leur reprendre ce qui est du superflu. Et cela est d'autant plus logique, ajoutait-on, que le gouvernement n'a fait que se substituer à l'ancien beylick du temps des Turcs, qui avait toujours le droit de disposer à sa guise de toutes les terres.

Telle était la pensée qui avait inspiré cette idée du cantonnement qui a été confondue souvent avec celle du refoulement. On y a vu quelque chose d'inique ayant toutes les apparences d'une spoliation.

Et cependant, si les territoires sur lesquels certaines tribus sont établies sont beaucoup su-

périeurs à leurs besoins, si une grande partie
reste inculte, faute de bras et de moyens de culture, ces tribus n'ayant, du reste, qu'un simple
droit de jouissance, quoi de plus naturel que
de déterminer ce droit, de le proportionner à
leurs besoins? C'eût été, à la fois, un acte de
justice et de haute politique.

Cependant, ce projet, malgré l'appui du maréchal Bugeaud et du maréchal Pélissier, sou-
leva tant d'objections, surtout de la part des bureaux arabes, que le gouvernement dût renoncer
à l'appliquer.

Les choses restèrent donc dans le même état
jusqu'en 1863.

Le 22 avril de cette année, parut le sénatus-
consulte qui est resté célèbre.

L'article 1er de cet acte législatif déclarait les
tribus propriétaires des territoires dont elles
avaient la jouissance permanente et tradition-
nelle, à quelque titre que ce fût.

L'article 2 comprenait : 1° la délimitation du territoire des tribus ; 2° leur répartition en douars ;
3° l'établissement de la propriété individuelle.

Les articles 3 et 4 étaient relatifs aux rentes
et redevances dues à l'Etat par les détenteurs
des territoires des tribus.

L'article 5 réservait les droits de l'Etat à la
propriété des biens du beylik, et ceux des propriétaires de biens melks.

L'article 6 interdisait l'aliénation de toute propriété avant la délivrance d'un titre régulier.

Le sénatus-consulte substituait donc au droit
de jouissance un droit absolu de propriété ; mais

il ne disait rien de l'état-civil des indigènes, et il laissait subsister la législation et la juridiction musulmanes. De plus, ce projet de loi présentait le grave danger de pouvoir priver d'un seul coup l'Algérie de toutes les terres incultes, indispensables cependant à la colonisation. Aussi le gouvernement, pour le faire voter, fût-il obligé d'assurer que le Domaine possédait en réserve 900,000 hectares destinés à suffire à toutes les exigences de la colonisation.

Mais trois ans après, dans la séance du Corps législatif du 5 mars 1866, il avoua que les 390,000 hectares de la province de Constantine et les 378,000 de la province d'Oran avaient été concédés à des Arabes; tandis que les 110,000 de la province d'Alger avaient été vendus à des colons à bureau ouvert.

Ainsi cette ressource, pourtant formellement promise, faisait défaut; cette dernière réserve disparaissait et il ne restait plus à la colonisation que le droit d'expropriation réservé à l'Etat et l'espoir d'acheter des terres aux indigènes, quand la propriété individuelle serait constituée.

De plus, le sénatus-consulte était faussé dans son application même. Des rapports officiels établissent que les commissions n'ont tenu aucun compte des droits de l'Etat réservés par les articles 5 et 6, et que la plupart du temps elles ont accordé aux Arabes tout ce qu'ils voulaient, même dans les forêts.

C'était donc une œuvre néfaste; c'était un coup mortel porté à la colonisation que l'on voulait rendre ainsi légalement impossible.

Aussi, dès l'avènement du gouvernement actuel, le commissaire extraordinaire de la République prescrivait-il, par arrêté du 19 décembre 1870, de procéder à la reconnaissance de la propriété individuelle au profit des cultivateurs actuels. Mais cet arrêté ne reçut aucune exécution et le gouvernement se décida, en 1872, à présenter le projet de loi qui est devenu la loi du 26 juillet 1873.

Cette loi se divise en trois titres qui ont trait : le premier aux dispositions générales, le deuxième à la constatation de la propriété privée et à la constitution de la propriété individuelle, le troisième aux dispositions transitoires.

Le titre 1er, qui contient l'esprit même de la loi, est de beaucoup le plus important ; aussi, a-t-il donné lieu à des interprétations, à des circulaires aussi nombreuses que contradictoires, et qui forment aujourd'hui un véritable chaos.

L'article 3, notamment, a été vivement discuté.

Ainsi que nous l'avons dit plus haut, le sénatus-consulte de 1863 avait été faussé dans son application. Des rapports administratifs prouvent que dans bien des cas on avait classé comme melks collectifs des terrains archs ; que presque toujours on avait laissé les tribus faire leurs déclarations comme elles l'avaient voulu, sans s'inquiéter si ces déclarations étaient ou non conformes à la vérité.

Aussi la loi de juillet 1873 avait-elle pour but, tout en respectant le sénatus-consulte, de revenir sur les erreurs commises par suite de mauvais classements, de diminuer le tort immense que l'on avait fait à la colonisation.

Les termes mêmes du rapport de la commission parlementaire le démontrent d'une façon nette et précise.

Dans tous les cas où la propriété est collective, soit au titre arch soit au titre melk, disait le rapporteur de cette loi à l'Assemblée nationale, l'art. 3 du projet de la commission comme l'art. 3 du projet du gouvernement, y font cesser la collectivité en attribuant à chaque membre de la tribu, du douar ou de la famille, la part qu'il exploite *effectivement*, jachères comprises.

Le but de la loi est donc clairement exprimé, mais de plus, en 1873, M. Warnier, à Alger, dans une commission nommée par le gouverneur général, commenta et précisa d'une façon plus nette encore la pensée de la loi. En terminant, il citait l'exemple d'une tribu de la province d'Oran, dont le territoire avait était classé comme groupe melk par décret du 29 septembre 1867. Ce décret attribuait à la tribu une superficie de 26,000 hectares, tandis qu'elle en cultivait 1,000 environ.

Ainsi, pas d'erreur possible sur le sens à donner à l'art. 3. Il est exprimé de la façon la plus formelle ; il est conforme au droit, à la justice ; et, enfin, il présente des avantages incontestables pour l'Etat et la colonisation.

Et cependant cette interprétation, sur laquelle il semble qu'il ne pouvait pas subsister un seul doute, n'a pas prévalu au gouvernement général.

En effet, dans les instructions aux commis-

res-enquêteurs, le gouverneur s'exprime ainsi :
Il appartient au commissaire-enquêteur, opérant
dans les groupes classés comme melk par les
décrets d'exécution du sénatus-consulte :

1° De constater les propriétés particulières ou
indivises de chaque individu ou de chaque famille ;

2° De délimiter les espaces dont la jouissance
est restée commune à toute la tribu et qui forment son domaine privé en vertu du décret de
répartition ;

3° De distraire au profit de l'Etat les biens
vacants ou en déshérence.

L'esprit de la loi de 1873 se trouvait ainsi
complètement faussé, et les opérations du sénatus-consulte, déclarant indûment melks des terrains archs, étaient en quelque sorte sanction-
nées par le sens que l'on donnait à l'article 3 de
la nouvelle loi.

C'étaient donc toujours les errements du sénatus-consulte. On avait voulu le modifier, revenir sur ses erreurs ; au lieu de cela, on leur donnait une approbation nouvelle, on les rendait
définitives.

Voilà de quelle façon erronée la loi de 1873 a
été interprétée ; nous allons examiner à présent
comment elle a été appliquée.

C'est en juillet 1875 que parurent les instructions de M. le gouverneur général Chanzy, re-
latives à l'exécution de la loi sur la propriété individuelle.

Voici, d'une façon sommaire, la marche pres-
crite :

Lorsque le gouverneur général, les conseils

généraux préalablement consultés, a décidé la constitution ou la constatation de la propriété dans un douar, les habitants de ce douar en sont officiellement prévenus deux ou trois mois à l'avance. Ils sont invités à assister le commissaire-enquêteur et à lui fournir tous les renseignements nécessaires pour la bonne exécution de son travail.

Le jour fixé par l'administration, le commissaire-enquêteur, se rend avec un géomètre, dans le douar désigné. Accompagné du cheik et des principaux notables, il procède d'abord à la détermination exacte des limites du douar et des communaux. Il dresse ensuite un procès-verbal de ses opérations auquel il joint un croquis établi par le géomètre.

Dans les douars où le sénatus-consulte a déjà été appliqué, les limites de territoires ont été fixées, les communaux reconnus, et le commissaire-enquêteur, accompagné des propriétaires intéressés, procède immédiatement à la reconnaissance des propriétés et à leur abornement. Il donne à chaque propriété un numéro d'ordre provisoire qu'il inscrit sur un registre, avec le nom du propriétaire, le lieu dit ou contrée où la propriété est située, et les droits de sa provenance. Il donne à chacun un nom patronymique, qui doit lui servir de nom de famille.

En cas de contestation de limites ou de droits de propriété, il tâche de trancher le différend et de faire accepter un arrangement amiable.

Si son intervention est sans résultat, il porte sur le registre la partie qui fait l'objet du litige, avec les prétentions des deux intéressés. Le plan et le croquis doivent alors faire également mention de la part de terrain en contestation.

Si une propriété est possédée en commun par plusieurs personnes, elle est inscrite sous les noms de tous les ayants-droits, avec indication des droits de chacun.

Le commissaire-enquêteur parcourt ainsi tout le territoire, parcelle par parcelle ; tandis que le géomètre qui l'accompagne établit au fur et à mesure un croquis visuel indiquant les limites de chaque propriété, le numéro d'ordre et le nom du propriétaire, et d'après lequel il calcule la contenance provisoire, portée sur les registres du commissaire-enquêteur.

La reconnaissance de la propriété terminée sur le terrain, le géomètre fait un levé exact qui est vérifié ensuite par un vérificateur placé sous les ordres du géomètre en chef. Le plan, une fois reconnu bon, est déposé dans les archives du service.

Le commissaire-enquêteur, de son côté, établit deux registres. Le premier est la copie de celui du terrain et doit contenir, d'après un numérotage définitif, les numéros de toutes les parcelles avec les noms des propriétaires, leurs noms patronymiques, le lieu dit, la nature du sol, les tenants et aboutissants.

Le second contient, par ordre alphabétique, les noms de tous les propriétaires d'un douar, avec toutes les propriétés que chacun d'eux possède dans ce douar et les indications correspondantes transcrites du premier registre.

Ces divers documents sont ensuite déposés pendant trois mois au chef-lieu de la commune mixte ; où les intéressés peuvent en prendre connaissance. Un registre spécial est ouvert, destiné à recevoir les réclamations qui pourraient se produire.

Les erreurs, s'il en a été signalé, une fois reconnues, sont rectifiées par le commissaire-enquêteur ; puis les registres sont envoyés à Alger par l'intermédiaire du préfet, pour être soumis à l'homologation du gouvernement général.

Là, ces registres sont revus et vérifiés en Conseil du gouvernement. La concordance des deux, leur rapport avec le croquis, l'établissement et le calcul des quote-parts sont examinés minutieusement. Enfin, tout le travail, s'il est accepté, est renvoyé à la préfecture, qui fait établir les titres de propriété par le service des domaines.

Telle est la marche qui a été suivie jusqu'à ce jour. Nous nous proposions d'examiner : d'une part, les résultats qu'elle a donnés ; d'autre part, les garanties d'exactitude qu'elle présente. Mais depuis que nous avons écrit ces quelques lignes, un fait nouveau s'est produit qui nous dispense de la première partie de notre travail.

Devant les protestations des corps élus, sous la pression de l'opinion publique, le gouvernement s'est décidé à nommer une commission spéciale chargée de rechercher les modifications qu'il y aurait lieu d'apporter à la loi de 1873.

Cette commission, après plusieurs mois d'études, a publié son rapport ou plutôt ses rapports ; et nous lisons, au début de ce travail, qu'à la façon dont les choses sont menées actuellement, la propriété sera probablement constituée en Algérie dans un siècle et demi. Or, en considérant que les travaux de la loi de 1873 sont beaucoup plus avancés dans les départements d'Alger et d'Oran que dans celui de Constantine, où ils sont à peu près nuls, nous nous sommes amenés à conclure que dans huit ou dix siècles peut-être, la propriété sera constituée dans notre département.

Une pareille conclusion, tirée d'un document officiel, se passe de tout commentaire.

Nous nous contenterons donc de rechercher si une grande précision compense cet inconvénient, ou bien, au contraire, si les travaux exécutés actuellement offrent autant de chances d'inexactitude que de lenteur.

Nous essaierons de démontrer que, quels que soient la valeur et le zèle des agents chargés d'appliquer la loi de 1873, leurs travaux, alors même qu'ils auront été acceptés et homologués par le gouvernement général, peuvent contenir des erreurs, des défectuosités inhérentes au mode d'exécution, à la manière de procéder.

Et d'abord, comment a-t-on formé les commissions d'enquête ?

Je ne parlerai pas du premier recrutement des commissaires-enquêteurs, qui a été fait en prenant un peu partout des agents plus ou moins préparés à ces fonctions nouvelles. Je ne rappellerai pas que la plupart de ces commissaires-enquêteurs semblaient n'avoir considéré cette position que comme un marchepied pour arriver à des situations meilleures, ce qui a eu pour moindre inconvénient de donner une série de débutants qui se succédaient.

Le nombre des travaux qu'on a dû refaire en est la confirmation trop concluante.

On exige, aujourd'hui, un examen et un stage ; je supposerai donc tous les choix parfaits et les agents on ne peut meilleurs.

Toute commission d'enquête se compose d'un commissaire-enquêteur, d'un géomètre et d'un interprète. Ces trois agents concourent à la confection d'un même travail, et la première réflexion qui se présente à l'esprit est celle-ci : l'attribution d'une même tâche à trois personnes différentes ne fait-elle pas disparaître toute responsabilité ?

Supposons, en effet, des travaux dans lesquels des erreurs se sont glissées ; qui assumera la responsabilité de ces erreurs ?

Sera-ce le commissaire-enquêteur qui aura mal vu, le géomètre qui aura mal établi son croquis ou l'interprète qui aura mal traduit ? On ne comprend pas la raison de cette division d'un seul et même travail, et si on considère l'analogie qui existe entre la constitution de la propriété individuelle en Algérie et l'établissement du cadastre en France, on est amené à se demander quelles peuvent être les considérations qui ont motivé la création de ce rouage nouveau, qu'on appelle commissaire-enquêteur.

Quant à moi, je n'ai pu trouver d'explication que dans la croyance que les indigènes ont des titres de propriété en territoire melk et que les limites de ces propriétés sont incertaines. Et en territoire arch, a-t-on dû dire, ces limites sont encore plus incertaines ou n'existent même pas. Cette opinion est erronée dans la plupart des cas, non-seulement en territoire melk, mais même en territoire arch où les limites sont parfaitement connues depuis le sénatus-consulte de 1863.

C'est donc cette croyance fausse, presque dans tous les cas, qui a fait penser que dans la pratique il fallait confier le bornage des propriétés avant toute autre opération, à un commissaire-enquêteur assisté d'un géomètre, exactement comme en France le bornage d'une propriété dont la limite est litigieuse est confié à un juge de paix assisté d'un géomètre.

Les cas prêtant à de pareilles contestations, les cas vraiment litigieux sont très-rares, mais quel que soit leur nombre, c'est aux tribunaux seuls et non à l'administration qu'il appartient de les juger.

On nous objectera peut-être que l'administration ne s'est réservé le droit de statuer qu'en territoire arch. Suivant nous, le cas est absolument le même, et la façon dont on procède actuellement est un empiètement du pouvoir administratif sur le pouvoir judiciaire, que rien ne justifie.

Ces réserves exprimées, revenons à l'examen que nous désirons faire. Une commission d'enquête est constituée, voyons-la fonctionner.

A la première sortie sur le terrain, le commissaire-enquêteur (ainsi que nous l'avons déjà dit), inscrit sur un registre les numéros d'ordre des propriétés, donne à chaque propriétaire un nom patronymique, et procède à l'abornement des divers lots.

Pendant qu'il parcourt ainsi tout le territoire, le géomètre qui l'accompagne dresse un croquis sur lequel il fait figurer tous les renseignements que contient le registre du commissaire-enquêteur.

Remarquons, avant d'aller plus loin, toute l'inconséquence qu'il y a à donner des noms de cette façon. Chaque commissaire-enquêteur agit séparément, l'opération se fait sans ensemble ; il peut arriver que la même personne, propriétaire dans deux ou trois endroits, reçoive deux ou trois noms différents.

En supposant que, par impossible, aucune erreur de ce genre ne se produise, il n'en restera pas moins ce fait, qu'on aura créé un état-civil pour tous ceux qui possèdent, tandis qu'on aura laissé de côté tous les khammès.

Et si, quelque temps après le passage de la commission d'enquête, un de ces derniers devient acquéreur d'une propriété, quelle sera la situation de ce nouveau propriétaire qui n'aura pas reçu de nom ?

Depuis longtemps, des protestations s'étaient élevées contre cette façon de procéder, le gouvernement s'en est enfin ému, et une loi récente, ordonnant la constitution de l'état-civil des indigènes, a supprimé cette partie du travail des commissions d'enquête.

2

Nous n'insîsterons donc pas davantage sur ce point spécial.

Faire établir, comme cela se pratique actuellement, le tableau indicatif par un commissaire-enquêteur, assisté d'un interprète et d'un géomètre croquiseur, a pour conséquence de faire disparaître toute responsabilité. Mais, en outre, le seul fait de procéder à l'abornement des lots sur un simple croquis est illogique. C'est sur un plan, c'est-à-dire sur quelque chose d'exact, que doivent être reportées les bornes. Quelle garantie peut-on avoir sans cela ? Et lorsque le géomètre reviendra seul pour procéder cette fois à un levé exact, il sera dans l'impossibilité de constater si des bornes n'ont pas été déplacées, puisqu'il n'aura qu'un croquis comme moyen de contrôle. S'il découvre des erreurs, il devra ou corriger le travail du commissaire-enquêteur, ou faire des plans inexacts. Dans tous les cas, un croquis n'ayant jamais assez de précision pour permettre de retrouver les limites des propriétés sans les indications des propriétaires, il sera obligé de refaire presque en totalité le premier travail de l'enquête. A quoi donc celui-ci aura-t-il servi, sinon à perdre du temps et de l'argent ?

Pendant que le géomètre est sur le terrain, le commissaire-enquêteur fait ses travaux de cabinet. Il achève ses deux registres, qui sont ensuite déposés pendant trois mois dans les bureaux de l'administrateur de la commune mixte, où les divers propriétaires peuvent en prendre connaissance et produire leurs réclamations, s'il y a lieu.

Voilà bien cette fois un contrôle sérieux, efficace. Il est exercé par les intéressés eux-mêmes, le délai accordé est suffisant, et nul doute que cette vérification des actes de l'administration ne soit une réelle garantie. Telle est la réflexion que l'on fait, en voyant les dispositions de la loi. Mais si on examine les choses de près, on s'aperçoit rapidement que ce prétendu contrôle n'est lui-même qu'une illusion.

Quiconque connaît un peu le peuple arabe sait combien il est ignorant et souvent indifférent même à ce qui le touche de très-près. La plupart des indigènes sont dans l'impossibilité de se rendre compte du contrôle qu'ils sont appelés à exercer et parmi les quelques exceptions pouvant se faire une idée du rôle qu'on veut leur faire jouer, on trouvera tout au plus quelques personnes capables de constater si les propriétés dans ou sur lesquelles elles ont des droits, sont portées et si tous les ayants-droit sont inscrits.

Quant à l'exactitude des plans, à la régularité des dossiers, à la précision dans la détermination des quotes-parts, toutes ces données leur échappent complètement.

Le contrôle que l'on veut obtenir par le dépôt des dossiers dans les communes mixtes est donc, comme nous le disions, purement illusoire. Mais nous irons plus loin et nous nous demanderons si dans la façon actuelle de procéder, il n'y a pas une sorte d'engagement moral de la part de l'administration.

Les Arabes ont une haute idée de nos connaissances et de notre impartialité. Lorsqu'ils voient des délégués de l'administration française s'enquérir de leurs propriétés, en fixer les limites, sentant leur impuissance, ils s'en remettent entièrement à ces représentants de l'autorité pour la sauvegarde de leurs intérêts. Mais si, ensuite, ils reconnaissent que leurs intérêts ont été négligés ou lésés, que des erreurs, peut-être nombreuses, se sont glissées dans les travaux de nos agents, n'auront-ils pas le droit de se retourner vers nous et de nous dire qu'ils n'ont jamais demandé qu'on s'occupe de leurs propriétés, qu'ils auraient pu continuer à vivre comme par le passé, et enfin, que nous ne devions, dans aucun cas, pas même dans le but d'améliorer leur situation, leur imposer un contrôle au-dessus de leur force et de leur intelligence?

Voilà ce que personne ne pourra contester. Mais, dira-t-on peut-être, l'administration n'applique aux Arabes la formalité du dépôt des dossiers que parce que notre loi et nos règlements la prescrivent, en réalité elle se substitue à eux et se fait l'agent de ce contrôle qu'ils sont impuissants à exercer eux-mêmes.

C'est une erreur.

A l'expiration du délai pendant lequel les dossiers doivent rester déposés au chef-lieu de la commune mixte, tout le travail de la commission d'enquête est expédié à Alger pour être examiné en conseil de gouvernement.

Nous verrons plus tard quelles garanties peut offrir cet examen, contentons-nous de constater pour le moment que la conséquence de cette façon de procéder est que les dossiers sont envoyés à Alger, n'ayant subi que des vérifications qui portent toutes sur les travaux de cabinet.

Quant aux erreurs qui auront pu se glisser dans les opérations sur le terrain, telles que :

Oubli ou erreur d'inscription d'une propriété ; interversion de numéros ou. propriété de Jean inscrite sous le nom de Pierre ; transposition de parties de propriétés séparées par un chemin, un ravin ou une limite de culture ; oubli du déplacement d'une borne intermédiaire, etc. ; — toutes ces erreurs subsisteront après comme avant. C'est qu'en effet, les vérifications purement graphiques que l'on exerce sont impuissantes à les dévoiler ; un contrôle sérieux sur le terrain même, et une opération analogue à ce qu'on appelait en France la communication des bulletins pourraient seuls permettre de les signaler et de les rectifier.

Les opérations d'une commission d'enquête terminées, le dossier (pour ce qui concerne la constitution de la propriété) est envoyé à Alger avec un plan parcellaire et un registre terrier. Si le travail est accepté, l'arrêté d'homologation doit être pris dans le délai de deux mois à partir du jour de la réception du dossier au Secrétariat du Conseil de Gouvernement.

Lorsque la loi de juillet 1873 était en discussion à l'Assemblée Nationale, l'article 20 du projet de loi attribuait au préfet, en conseil de préfecture, et non au gouverneur général, l'examen des dossiers des commissions d'enquête. M. Warnier, rapporteur de la loi, faisait remarquer avec raison, que le conseil de préfecture est un tribunal administratif essentiellement compétent dans la matière, possédant l'avantage d'être sur place et de n'avoir d'autres attributions que celles de sa fonction. Le Conseil de Gouvernement, ajoutait le rapporteur de la loi, composé de fonctionnaires, chefs des grands services de l'Algérie, n'a ni le temps ni la compétence voulus pour s'occuper de dossiers de propriété. Un conseil consultatif n'est qu'un conseil, et, dans l'espèce, un tribunal est indispensable.

L'expérience a démontré depuis combien ces observations étaient judicieuses. En dehors de la question de compétence, il y a la question de distance. Des dossiers volumineux ne sont pas transportés d'un département dans un autre où ils sont dépouillés, examinés minutieusement, sans courir des risques de s'égarer. Aussi, le cas s'est-il déjà présenté plus d'une fois. Lorsque pareil accident ne se produit pas, le moindre inconvénient est de voir des dossiers séjourner pendant des mois entiers dans les bureaux du gouvernement général. Enfin, on ne comprend pas quel surcroît de lumières peut apporter dans une question de ce genre, l'examen d'un travail par une commission siégeant à Alger, éloignée par conséquent des départements d'Oran et de Constantine, et dans l'impossibilité de se déplacer pour exercer le moindre contrôle, pour apprécier le moindre cas litigieux.

Dans cette circonstance, comme dans bien

d'autres, on reconnaît cet amour immodéré de la centralisation à Alger de toutes les affaires algériennes, centralisation grâce à laquelle les centimes additionnels de l'impôt arabe de la province de Constantine destinés à l'établissement de la propriété individuelle dans cette province, sont employés en grande partie dans le département d'Alger ; système qui permet que.les fonds destinés aux établissements hospitaliers de notre département soient alloués aux hôpitaux de la province d'Alger.

Nous pourrions citer d'autres exemples, nous pourrions faire ressortir des inconvénients d'une autre nature, qui sont la conséquence du régime centralisateur imposé à l'Algérie ; une pareille étude nous entraînerait loin du sujet que nous traitons.

Nous dirons donc seulement que l'examen des dossiers, en conseil de gouvernement, est un moyen de contrôle absolument nul en même temps que la cause d'une perte de temps considérable.

En étudiant comme nous venons de le faire la marche suivie pour l'établissement de la propriété, on est frappé de l'extrême complication des procédés employés et du manque absolu de vérification.

Cette dernière considération surtout est importante, elle domine le débat. Non-seulement depuis 1875 on n'a pu obtenir qu'un petit nombre de travaux, mais encore ces quelques résultats, si péniblement acquis, ne présentent eux-mêmes aucune certitude de bonne exécution.

Nous pourrions citer des dossiers qui, après avoir été homologués par le gouvernement général, ont été reconnus inexacts.

C'est qu'en effet, on ne saurait trop le répéter, aucune vérification des dossiers n'a lieu sur le terrain. Les instructions en vigueur n'en prescrivent pas. Un dossier est propre à être homologué lorsque toutes les pièces qui le composent sont en concordance et que les points difficultueux qui se sont présentés sont clairement exposés et réglés conformément aux instructions du gouvernement général.

Une vérification réelle, exercée par des agents compétents, s'impose donc. Continuer plus longtemps les errements suivis actuellement, est le plus sûr moyen de préparer pour l'avenir une série interminable de procès entre particuliers et entre particuliers et l'État.

Nous avons examiné, sans y rien changer, la marche suivie pour l'établissement de la propriété individuelle et nous n'avons eu aucune peine à en signaler les nombreuses défectuosités. Les causes d'erreurs qu'elle présente auraient pu, à notre avis, être évitées si, au lieu de vouloir inventer un système spécial à l'Algérie, on s'était inspiré des instructions qui, en France, ont présidé à l'établissement du cadastre.

Reconnaître et établir la propriété dans un pays ou en faire le cadastre, est exactement la même chose. Le but n'est pas le même, cela est vrai, mais le travail est identique.

Comment a-t-on donc procédé en France ? Sans entrer dans des détails qui ne trouvent pas ici leur place, nous dirons que les opérations du cadastre se faisaient sous la surveillance et la direction d'un directeur des contributions directes; tandis que la partie d'art était confiée, dans chaque département, à un géomètre en chef responsable du travail de ses agents.

Le géomètre procédait au levé exact du terrain et au bornage des propriétés d'après les indications des propriétaires.

Les propriétés une fois reconnues et le plan terminé, le géomètre établissait une liste alphabétique des propriétaires, indiquant ce que possédait chacun d'eux. Il donnait alors séance tenante à chaque propriétaire, communication de la liste de ses propriétés ; et il fournissait sur les lieux toutes les explications qui lui étaient demandées. Après ces formalités, il remettait son travail au géomètre en chef qui faisait procéder *sur le terrain* à la vérification des plans et du tableau indicatif.

Ces opérations terminées, le géomètre en chef faisait établir pour chaque propriétaire un bulletin indiquant tout ce qui concernait les propriétés de l'intéressé. Le géomètre, alors, retournait dans la commune faire la *communication individuelle* de tous ces bulletins.

Voilà bien cette fois une garantie sérieuse de l'exactitude des opérations.

Après la vérification faite par le géomètre en chef, deux communications de bulletins avaient lieu, et la seconde surtout était bien un véritable contrôle exercé par les intéressés eux-mêmes.

La suite des opérations était confiée au service

des contributions directes qui faisait le classement des terres en vue de l'établissement de l'impôt foncier.

Nous voyons donc que les opérations du cadastre en France, de même que celles de la constitution de la propriété indigène en Algérie, ont eu pour but, les unes et les autres : l'établissement de deux registres semblables, appelés livres terriers. En France, après un classement préalable, on établissait d'après ces livres l'impôt foncier ; en Algérie, d'après les mêmes documents, l'administration des domaines établit les titres de propriétés.

Les procédés employés ont été cependant on ne peut plus différents.

En France, un seul agent, le géomètre responsable, établissait le travail.

En Algérie, nous voyons un commissaire-enquêteur, irresponsable, assisté d'un géomètre. La première méthode a donné des résultats qui ne sont pas à démontrer ; la seconde, au contraire a été en quelque sorte négative.

A notre avis, la supériorité de l'une sur l'autre tient à deux raisons principales :

1º La responsabilité de l'agent (en France le géomètre), qui est contrôlé par un chef de service également *responsable* ;

2º La double communication des bulletins faite aux intéressés par le géomètre, avec explications sur les limites, les contenances, etc. ; opération qu'on a cru pouvoir remplacer, en Algérie, par le dépôt des dossiers chez l'Administrateur de la commune mixte.

Nous pensons que, sauf quelques modifications nécessaires, la marche la plus sûre serait celle que prescrivait en France le *Recueil méthodique*. A ceci, on fera certainement deux objections que nous allons essayer de réfuter d'avance. La première est relative aux opérations sur le terrain, la seconde aux travaux de cabinet.

En Algérie, nous dira-t-on, l'abornement préalable des propriétés est obligatoire, tandis qu'en France il est facultatif.

Nous répondrons qu'il n'y a pas lieu de se plaindre de cette obligation. L'abornement préalable est une mesure excellente qui peut, à elle seule, éviter de nombreuses contestations et des procès parfois très-coûteux. De plus, cette opération ne présente aucune difficulté et pourrait être faite par le géomètre en même temps qu'il procéderait au levé du plan.

Passons donc à la seconde objection. Voici en quoi elle consiste :

En Algérie, le grand nombre des propriétés à l'état indivis occasionne un travail très-long pour la recherche de tous les ayants-droit, et le calcul des quote-parts. De plus, ces diverses opérations nécessitent la connaissance du droit musulman.

A ceci nous répondrons qu'en France aussi il y avait des propriétés à l'état indivis, où le géomètre devait calculer la contenance proportionnelle à attribuer à tous les propriétaires, d'après les droits de chacun. Cette difficulté n'a donc rien de spécial à l'Algérie et ne peut pas être invoquée comme un argument contre nous.

Quant à ce qui est relatif à la connaissance du

droit musulman, il convient de ne pas se l'exagérer. On commettrait certainement une erreur en voyant dans chaque commissaire-enquêteur l'incarnation d'un légiste musulman.

Un état de filiation permettant d'établir l'arbre généalogique de chaque famille et, par là, les droits et la quote-part légale de chacun de ses membres, suffit parfaitement pour les travaux d'une commission d'enquête.

Aujourd'hui, du reste, qu'une loi récente a décidé la constitution de l'état civil des indigènes, cette partie du travail des commissions d'enquête est considérablement simplifiée.

Nous pensons donc qu'on aurait avantage, à tous les points de vue, à confier l'établissement de la propriété à un agent responsable pécuniairement, qui serait dans l'impossibilité de rejeter sur un collaborateur la faute de ses erreurs, et enfin dont l'intérêt personnel serait de faire bien et vite.

Il est vraiment étonnant, qu'au lieu de chercher des difficultés, on n'ait pas songé à appliquer en Algérie, une méthode analogue à celle qui a donné de si bons résultats, non-seulement en France, mais en Suisse, en Belgique, en Allemagne et même en Russie. Une pareille expérience aurait été d'autant plus logique, que l'administration dispose en Algérie de services tout organisés et parfaitement aptes à mener une semblable entreprise à bonne fin.

Sans entrer dans des détails qui doivent faire l'objet d'un règlement spécial, nous résumons ainsi notre pensée .

Après l'établissement de l'état-civil des indigènes par l'autorité administrative, c'est à un agent unique, placé sous la surveillance de vérificateurs et la direction du géomètre en chef, qu'il appartient de constituer la propriété.

Nous avons dit, un agent unique, par ce que le travail de la propriété individuelle ne peut pas être divisé, et doit toujours être confié à une seule personne. De plus, il est indispensable que cette personne (que l'on pourra appeler commissaire-enquêteur ou géomètre, peu importe le titre), ait les connaissances théoriques et pratiques du géomètre.

Ce premier point bien établi, voici, sauf oubli, les différentes phases de l'opération :

1° Reconnaissance de la propriété ;

2° Levé détaillé et bornage ;

3° Communication sur place des bulletins individuels.

Le Service des Contributions directes aurait ensuite à faire établir les titres, soit sur le registre terrier qui ne peut être qu'une copie du tableau indicatif avec addition des tenants et aboutissants, soit sur les bulletins individuels reconnus exacts, c'est-à-dire signés par les propriétaires ou les membres de la djemâa. Il serait facile de faire procéder en même temps, par un contrôleur des Contributions, à un classement des terres. De sorte que le jour où on voudrait établir l'impôt foncier, tous les éléments nécescessaires à ce travail, seraient préparés d'avance.

Si l'on en croit les fonctionnaires les plus expérimentés, non-seulement ces deux opérations pourraient être menées de front, mais elles exigeraient moins de temps et d'argent, que le système actuellement en vigueur.

D'après un travail publié en 1879 par un employé supérieur d'une administration algérienne, l'hectare constitué et cadastré, coûterait 0,63 c. de moins qu'il ne coûte avec les tarifs actuels, ce qui représente plus de 4 millions pour les territoires sur lesquels aucune opération n'a encore porté.

On aurait donc, en une seule opération, rapidement et avec économie, la constitution de la propriété individuelle entourée de toutes les garanties désirables, ainsi que le cadastre, et ce dernier dans de meilleures conditions qu'en France, puisqu'il serait basé sur une constatation et un abornement préalables de la propriété.

Ici se place une réflexion : celle du respect des opérations sur le terrain par les Indigènes.

Il est inutile de dépenser des millions pour un travail aussi considérable, s'il est destiné à disparaître au fur et à mesure de l'opération. Les Indigènes sont essentiellement destructeurs, quelques années après qu'un douar aura été constitué, on ne trouvera plus traces des travaux de la propriété. Si on veut don c faire une œuvre durable, il est indispensable de punir très-sévèrement et surtout avec rapidité toute contravention, telle que destruction de point trigonométriques, arrachement de bornes, suppression de chemin, etc. A ce prix seulement on obtiendra, des résultats réels.

Avant que cette courte étude fut terminée, paraissaient les trois projets que publiaient les membres de la commission chargée d'étudier les modifications qu'il y avait lieu d'apporter à la loi de juillet 1873. Cette commission, on le sait, était composée de MM. Sautayra, premier président de la cour d'appel d'Alger, Robe, avocat, Vignard, conseiller de gouvernement, et Perrioud, directeur des Domaines. MM. Sautayra et Robe présentèrent un projet; MM. Vignard et Perrioud en présentèrent également chacun un.

Ces trois projets ont un point commun, ils constatent tous l'extrême lenteur des opérations des commissions d'enquête et avouent qu'au train actuel, il faudra encore des siècles pour obtenir un résultat appréciable. Seul, M. Perrioud ose dire que ces retards sont dus, non seulement à l'insuffisance de la loi et au manque d'instructions précises, mais aussi à l'insuffisance théorique du personnel. Ainsi, la constatation du manque de résultats est à peu près la seule partie commune aux trois projets ; le mal, une fois reconnu, la divergence des opinions se produit immédiatement, lorsqu'il faut indiquer les mesures à prendre pour améliorer la situation actuelle.

Après un examen attentif des divers projets, nous restons convaincu qu'aucun ne parviendra à permettre la constatation ou la constitution de la propriété en Algérie, dans un délai rapproché. Tous exigent un travail minutieux de la part du commissaire-enquêteur, une connaissance approfondie du droit, des mœurs et des habitudes des indigènes ; connaissance qui lui est indispensable, puisqu'on le charge d'établir les droits des réclamants.

MM. Sautayra et Robe pensent qu'un délai de huit mois et demi suffira pour la remise des titres de propriété aux ayants-droits ; M. Vignard fixe ce délai à cinq mois trois jours, et M. Perrioud l'élève à six mois trois jours. Mais aucun d'eux ne tient compte du travail sur le terrain par le commissaire-enquêteur ou le géomètre chargé du levé des plans, pas plus que du temps matériel indispensable pour la délivrance des titres, c'est-à-dire enregistrement, transcription, timbre, etc.

Les auteurs des trois projets disent que la loi française est applicable immédiatement, mais ils établissent de si nombreuses exceptions que l'Algérie ressemblerait pendant longtemps encore à un vaste échiquier où chaque propriété serait régie par le droit particulier à chaque individu.

Les territoires où l'ordonnance de 1846 a été appliquée, ceux qui ont été dispensés de la vérification des titres, les centres européens d'après MM. Robe et Sautayra, les centres européens et indigènes, d'après MM. Perrioud et Vignard, enfin, les immeubles ayant fait l'objet d'un acte européen seront soumis à la loi française ; pourvu, toutefois, d'après MM. Perrioud et Vignard, qu'il ait plu à M. le gouverneur général de dispenser de la reconnaissance de la propriété les centres européens et indigènes.

Les terrains ayant fait l'objet d'un titre français à une époque quelconque, pour MM. Robe et Sautayra, sont définitivement soumis à la loi française. Ces mêmes terrains, pour MM. Vignard et Perrioud, ne seront régis par la loi française qu'autant que le dernier titre s'appliquera au détenteur actuel, ce qui nous paraît très-rationnel.

MM. Robe et Sautayra oublient de parler des territoires cantonnés, mais cela sans doute parce que des titres individuels ont été délivrés par l'administration ?

Pourquoi ne pas édicter de suite la loi française et ne pas réserver la constatation et la constitution de la propriété pour les territoires indigènes proprement dits, douars et tribus, comme le décidaient le Sénatus-consulte de 1863 et la loi de 1873.

Il n'est pas nécessaire d'édicter la prohibition de vendre dans les terrains arch ; le détenteur n'a qu'un droit précaire qui s'évanouit avec lui ; nul ne s'aventurera à acheter dans ces conditions. Mais pourquoi la même prohibition pour les terrains melk ? A quoi bon des formalités nombreuses et onéreuses pour les achats, se terminant par un bornage qui, grâce à ces formalités, pourra durer plus d'un an.

Les trois projets s'accordent à supprimer les habous pour l'avenir, mais MM. Robe et Sautayra seuls s'occupent de supprimer ceux qui existent, et de faire rentrer dans le commerce les biens grevés, en arrêtant définitivement la dévolution.

Mais après cette déclaration, ces messieurs oublient de dire quels seront les bénéficiaires.

Les deux mêmes auteurs décident, avec raison suivant nous, que la femme musulmane n'aura pas d'hypothèque légale sur les biens de son mari ; mais alors, pourquoi exigent-ils, pour la transmission de la propriété, l'autorisation maritale ? La femme n'est-elle pas assez sous la dépendance de son mari ?

MM. Saùtayra et Robe proposent de modifier les attributions du tuteur. Actuellement, ce dernier est surveillé par le cadi dans tous les actes de son administration ; on se demande dans quel but on supprimerait ce droit de contrôle et pourquoi on créerait en même temps des formalités nouvelles qui seraient onéreuses pour le mineur.

En résumé, on paraît vouloir simplifier le problème de la constitution de la propriété et on ne fait que le compliquer davantage. De deux choses l'une : ou le droit de propriété existe dans les pays musulmans, ou il n'existe pas. Si ce droit n'existe pas, il est impossible de le constater. La constitution de la propriété, dans ce cas, revient à une répartition des terres entre tous les habitants, quel que soit leur âge, avec réserve d'une partie pour l'État et la colonisation. Si au contraire, le droit de propriété existe, et nous sommes de ceux qui croient à son existence, ce droit est affirmé par la possession. Il suffit donc, pour résoudre la question, de déclarer propriétaires les détenteurs du sol. Il est à remarquer, du reste, que la loi de juin 1851, le Sénatus-consulte de 1863, ont reconnu et admis ce droit de possession.

En Algérie, on a voulu diviser la propriété en deux catégories bien tranchées : terres arch et terres melk. Cette division est souvent artificielle, car la propriété arch se transmet par héritage, par donation et même par location, contrairement aux assertions récentes du Gouvernement général. En réalité, il n'y a souvent entre ces deux modes de propriété qu'une nuance imperceptible. Du reste, les opérations du sénatus-consulte de 1863, ont démontré que, même en territoire arch, les divers terrains sont parfaitement délimités et détenus à titre privatif.

Par conséquent, il y a au moins un droit d'usufruit qu'on ne peut pas contester, il suffit donc de le convertir en un droit de propriété absolu.

Dans cet ordre d'idées, l'administration serait déchargée de la plus lourde partie de sa tâche, et la question reviendrait tout simplement à établir le cadastre.

Nour nous rallierions volontiers au projet suivant qui a été reproduit par le journal le *Républicain*, dans son numéro du 22 février 1882, et qui est du reste tout-à-fait conforme à nos premières conclusions :

ARTICLE PREMIER. — Les immeubles, même ceux possédés par les étrangers, sont régis par la loi française.

ART. 2. — Les détenteurs du sol sont reconnus propriétaires des terrains qu'ils occupent, sauf les droits des tiers.

Art. 3. — Les indigènes musulmans continueront à être régis par le droit musulman ou les usages locaux en ce qui concerne leur statut personnel et le droit successoral. Toutefois, les habous sont supprimés et les détenteurs actuels sont définitivement reconnus propriétaires des biens auxquels ils s'appliquent.

Les substitutions ne pourront avoir lieu que conformément à la loi française.

Art. 4. — Il sera procédé immédiatement à l'établissement du cadastre.

Art. 5. — Les tribunaux français sont seuls compétents en cas de contestations portant sur des droits immobiliers.

L'incompétence des cadis pourra être invoquée en tout état de cause.

Art. 6. — Dans le cas où les non-détenteurs du sol du territoire d'une tribu, auraient un droit d'usage ou de jouissance, un règlement d'administration publique déterminera le mode d'exercer ce droit.

Ce dernier article s'appliquerait aux tribus du Sud, qui, à certaines époques de l'année, conduisent leurs troupeaux dans les régions des Hauts-Plateaux.

Telle nous paraît être la façon rapide et économique de résoudre une des parties du problème algérien, dont la solution aurait certainement pour conséquence de simplifier bien d'autres questions d'une importance capitale pour l'Algérie.

CONSTANTINE. — IMPRIMERIE L. MARLE, RUE D'AUMALE, 1.

www.ingramcontent.com/pod-product-compliance
Ingram Content Group UK Ltd.
Pitfield, Milton Keynes, MK11 3LW, UK
UKHW021154140726
13695UKWH00005B/2136